《从河说起》纪录片
系列图书

大河寻宝记

《从河说起》纪录片栏目组 / 编著

山东教育出版社
·济南·

图书在版编目（CIP）数据

大河寻宝记 / 《从河说起》纪录片栏目组编著 . 济南 ： 山东教育
出版社，2024.7（2025.4重印）. —（《从河说起》纪录片系列图书）. —
ISBN 978-7-5701-3173-0

Ⅰ . K87-49

中国国家版本馆 CIP 数据核字第 20240WM345 号

《大河寻宝记》编委会

主　　编　丁晓红
副 主 编　许伟　陈建新
编　　委　魏明　刘伟敬　于娜　宫晨　孙文静　孙思　杨志香
特别鸣谢　山东省广播电视局
　　　　　中共济南市委宣传部
　　　　　山东博物馆

DA HE XUN BAO JI

大河寻宝记

主管单位 : 山东出版传媒股份有限公司

出版发行 : 山东教育出版社

地址 : 济南市市中区二环南路 2066 号 4 区 1 号　邮编 : 250003

电话 : (0531)82092660　网址 : www.sjs.com.cn

印刷 : 山东黄氏印务有限公司

开本 : 1/16

印张 : 8.5

版次 : 2024 年 7 月第 1 版

印次 : 2025 年 4 月第 3 次印刷

印数 : 10001-15000

定价 : 39.80 元

（如印装质量有问题，请与印刷厂联系调换）

电话 : 0531-55575077

目录

"**大东**，本书一只长期生活在什么小河兽？我可是

"**喂！**

大东的一点点心声：

我是一条龙，生在黄河、长在黄河。河伯看着

我最喜欢黄河。这里有每天都可以聊天的小鱼小虾，

这些过去的故事跟着黄河的水滚滚向前，

但是，散落在黄河边的文物还是生动地保留下了

今天，我就暂且抽出一些时间，

要仔细听哦！

讲解者，
黄河的小河兽。"

守护黄河的神！""

这每天东流的黄河水，就给我取了个名字，叫大东。

也有春华秋实的花花草草，还有讲不完的故事。

谁也不能复原其全貌，

当时生活的痕迹，也标记了中华文明的璀璨和辉煌。

讲一讲这河两岸的文物宝贝！

不能嫌我啰唆啊！

陶器

TAO QI

当泥巴遇上火

当泥巴遇上火

我们的祖先很爱泥土。

在我们的创世神话中,最早的人类是女娲用泥巴一个个捏成的。后来她觉得这样太麻烦了,干脆拿起一根绳子蘸了泥甩起来,甩在地上的泥巴点变成了一个个的人。

后来,智慧的祖先们用火的时候无意中发现,泥巴经过火的烧制会变得坚硬;如果捏成四周翘起、中间下凹的形状,还可以用来储存水。这可是个重大发现,原来泥巴与火一起造就的杰作,可以为人类的生活带来这么大的便利啊!

泥巴成"陶"记

那时候的黄河中下游地区，河流的底部和沿岸沉淀了很多泥沙，这可是那些大江大河一路奔腾翻滚留下来的"高端材料"。对喜欢泥巴的祖先来说，就像孙悟空得了金箍棒。他们用泥土捏出了各种锅碗瓢盆，还在陶器表面刻上自己的记号，以便与其他人的区分开来。这些记号逐渐发展成一个部落共有的标记，也就成了我们所熟知的图腾。我们的祖先相继研发了拍打、揉捏等各种关于泥巴的花式玩法，烧制技术与日俱增，陶器表面的记号也逐渐发展为艺术创作。

土里土气的泥巴经过这一番操作，变得实用又好看，这叫作兼具实用性和艺术性。

陶器佼佼者——陶鬶

好的技术需要沉淀，终于在大汶口文化（至今约6500年—4500年）中期，杰出的陶器出现了！它叫作陶鬶（guī）。

要介绍陶鬶，还得先从海岱地区说起。"海岱"这个名字听起来很陌生，其实"海"就是"渤海"，"岱"就是五岳至尊"泰山"，海岱地区指渤海到泰山一带。这里生活的东夷族人，不喜欢我这样潇洒倜傥的小河兽，而是选了鸟作为图腾。所以，他们制作的很多器物都有鸟的影子。陶鬶就是这样的，器型简直就是"鸟类仿生学"满分作品。陶鬶一开始出现的时候，作为普通的实用器具，可以储存水并加热。它圆鼓鼓的大肚子下面有三个实心的脚丫，有点像刚出蛋壳的雏鸡。

大河寻宝记

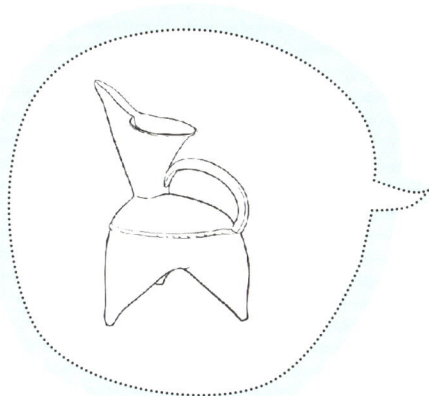

到大汶口文化晚期，陶鬶三个实心脚丫演化成三个肥硕的高袋足，颈部变短，流伸长变尖。整个样子从"雏鸡"变为"呵护小鸡的母鸡"。

到大汶口文化末期、龙山文化（至今约4350年—3950年）早期，陶鬶颈部再次伸长，尖流抬高，袋足匀称有力，又有点像公鸡雄赳赳的样子。

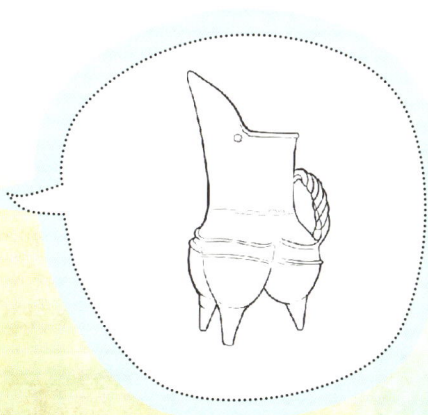

陶鬶后来不满足于自己"实用器具"的身份，完成生命中的三级跳，成了祭祀用的礼器。靠天吃饭的老百姓会采用盛大的仪式来祭祀土地和神明。陶鬶就成了这个仪式中盛酒的器具。

这可不是我胡乱说的，《礼记·明堂位》有记载："灌尊，夏后氏以鸡夷……"意思就是，夏代祭祀土地时的灌祭，用的就是礼器鸡彝（yí）。这里的鸡彝就是指陶鬶。至此，陶鬶的华丽转身在文物历史上留下了浓墨重彩的一笔。

国宝长这样——蛋壳黑陶杯

从大汶口文化孕育而生的龙山文化，在"玩泥巴"方面也是青出于蓝而胜于蓝。大名鼎鼎的蛋壳黑陶杯就是这个时期的国宝器物。

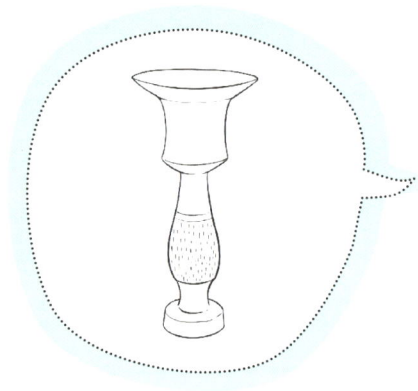

什么黑陶杯可以称得上是"国宝"，什么黑陶杯可以被世界考古学界誉为"4000 年前地球文明最精致之作"？老前辈陶鬶都没获得这样的称赞。其实，这个黑陶杯除了与老前辈颜色不同、通体乌黑光亮以外，最牛的是它器壁薄如蛋壳，口沿部分薄至 0.2—0.5 毫米！

这可是在距今 4000 多年的龙山文化时期制作出来的，没有精密仪器可丁可卯地校准切割，也没有机器在烧制过程中精准温控，有的只是匠人的一双手和一种穿越 4000 年不灭的匠人精神。

012

蛋壳黑陶杯还有很多这样的兄弟姐妹，统称为龙山薄胎黑陶。它们的出现说明祖先们对于"玩泥巴"这件事，不只是随性地捏一捏而已了，陶器的制作流程发展到可谓"严格"的阶段，甚至出现了刻在陶器上的文字符号。

龙山文化点亮了文明的曙光。这些土与火的杰作，有力地否定了"中国文化西来"的假说，印证了我们中华文明的源远流长和灿烂辉煌。

大东小黑板

蛋壳黑陶是龙山文化的典型器物，被世界考古学界誉为"4000年前地球文明最精致之作"，体现出先民们对于陶器的制作流程从"随性"发展到"严谨"，预示着人类社会新的秩序正在慢慢形成。

龙山文化时期，玉器制作工艺、绿松石镶嵌等技术也很高超。人们建立了大型的城址，大量种植水稻，开始尝试铜的冶炼，这个时期也出现了刻在陶器上的文字符号。

大河寻宝记

流似鸟喙
或长或短

三个袋足
匀称有力

球形腹部

名称：橙黄陶长流鬶

年代：龙山文化时期

出土地点：潍坊市姚官庄遗址

材质：陶

用途：实用器、礼器

口沿部分薄至
0.2-0.5毫米

通体为象征玄
鸟的纯黑色，
器壁薄如蛋壳

头重脚轻，高挑显眼，
呈现宛如鸟腿的"纤
细感"

名称：蛋壳黑陶杯

年代：龙山文化时期

出土地点：临沂市大范庄遗址

材质：黑陶

用途：礼器

制作蛋壳黑陶杯首先要将黄河下游沉积的泥沙反复淘洗，去除杂质，变成最纯净细腻的红胶土。

再看陶坯飞转，刮刀沉稳，泥线腾空，快轮拉坯成型。

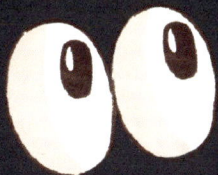

进入烧制环节，不断向窑内注水，产生大量的浓烟，烟中的碳粒附着在陶器表面，渗透到胚体的空隙中。

薄如纸、硬如瓷、明如镜、黑如漆、声如磬的蛋壳黑陶杯诞生了，达到史前制陶工艺巅峰！

红陶兽形壶

HONGTAO

兽形壶

SHOUXINGHU

远古时期的猪文化

猪也曾是猛兽

"打猎"，现在听起来可是个有点久远的词了。在人们连耕种都不会的时候，狩猎是祖先们获取食物的重要方式。当时最常见的猎物就是野猪。野猪和现在的家猪可不一样，它们还没有经过人类驯化，可以说凶猛无比。就连我这样果敢不凡的猛兽见了都要先避一避它们的锋芒。

处在黄河下游的山东地区，因为土地肥沃，很多祖先选择在这里定居。他们非常勤劳地狩猎、采集野果，后来的"食物采摘"逐渐转化为"食物生产"，即开始圈养牲畜、种植瓜果。

上古时期，人们有的以猪为图腾，而这种崇拜就是因为野猪强大的力量让祖先们望而却步。然而随着力量逐渐增强，人类强大到可以与之抗衡，甚至驯化它们。慢慢地，野猪被驯化到褪去了野性，不再是人们生活的威胁，也不再是高高在上的崇拜对象了。

财富的象征

大汶口文化时期的家畜饲养业无论是在家畜种类还是饲养技术方面都已经达到了一定的水平。当时的祖先们主要饲养两种家畜——猪和狗，而猪已经成为个人财富的重要指标。

比如在大汶口文化遗址中，三分之一以上的墓葬都有猪骨随葬，有43座墓出土了96个猪头，这说明当时猪已经不仅用于吃，还算作私有财产。你如果问邻居有多少头猪，就像现在打听人家有多少钱一样。

"萌宠"鼻祖——红陶兽形壶

说起以动物为造型的文物，这件出土于泰安大汶口遗址的红陶兽形壶可谓大名鼎鼎。红陶兽形壶的造型很可爱，有点像猪，又有点像狗，体现了 5000 多年前古人的艺术审美。人类对"可爱"的热衷真是始终如一。

该壶的壶体高 21.6 厘米，壶身是夹砂红陶质，通体是鲜艳的红色。猪形壶身圆面耸耳，拱鼻张口，有四足，短尾上翘，耳朵上穿有小孔。其尾部有一个圆筒状的口，可以往里面注水，嘴巴张开可以出水。它的背部有一个提手，便于提拿。

红陶兽形壶的腹部隆起，四条小腿又粗又壮，既可以增加陶器的盛水容积，又可以支撑其放在火上加热。以当时的生产条件来看，这大大地方便了人们的生活。

又可爱又实用的红陶兽形壶，谁能不爱呢？

国宝档案

把手处使用方便

造型生动美观

集实用与仿生艺术于一体，大汶口文化时期独有的器型

名称：红陶兽形壶

年代：大汶口文化时期

出土地点：泰安市大汶口遗址

材质：红陶

用途：盛水器

大东小黑板

《山海经》中龙有九子，其中一个叫"饕餮"（tāo tiè）。"饕餮"有贪吃的意思，而在祭祀礼器中出现的"饕餮纹"也跟用猪祭祀这一习俗相应和，所以很多人认为，"饕餮"就是被神化及艺术化了的猪形象。

历史上出土的与猪相关的文物数不胜数，例如猪纹陶钵、豕形铜尊、汉代陶猪俑，圆润的造型无处不在。

甲骨文中，"猪"是这个样子的，是不是很形象？

后来"猪"的文字演化成"豕"（shǐ），在"豕"的上面加个"宀"，就成了我们最看重的"家"。

黄河流域的

"厨具套装"

CHUJU

TAOZHUANG

"会吃"是遗传来的?

终于说到"吃"这件事了!生活在黄河两岸,最幸福的难道不是这里有肥沃的土地,能产出各种各样让人流口水的美食吗?在龙山文化时期甚至更早,人们的食物就丰富多样了,有天上飞的,地上跑的,水里游的,还有自己种、自己养的。这在出土的文物上都有迹可循。

不要以为祖先们只会茹毛饮血,打中猎物张嘴就咬,他们早就在一场场"吃"的实践中,挖掘出了各种各样的烹饪方式。"会吃"是遗传来的!比如烧烤,这是人类最古老的烹饪方法之一。那个时候的烧烤,说准确点叫石烹。人们先把一块石板放在篝火上烧,等石头烧热后,再把需要烘烤的食物放在石板上,不一会儿,石板上的食物就吱吱冒油、千里飘香啦。

美食背后的花样厨具

除了把食物放在石板上烤，烹饪方式还有很多种。但是，工欲善其事，必先利其器，花样烹饪离不开花样厨具。

陶釜，古代陶制炊器，形状大致像今天的锅，圆底无足，是现代"锅"的前身。釜，最早出现在新石器时代（开始于约七八千年以前）早期的华南地区，新石器时代中期以后流行于黄河流域。简陋的陶釜在那时起着重要的作用，它的出现直接改变了人类吃生食的饮食习惯，改吃熟食。釜的"大肚子"只适合炖煮，需要在它底下架一个陶支座，配合着使用。釜底可以放柴火，用来点火烧饭，所以，成语"釜底抽薪"就出现啦。

大河寻宝记

鼎和鬲（lì）也是重量级"厨具"。

鼎，分为两类，一类是圆形三足，一类是方形四足。鼎主要用来烹煮肉食，西周列鼎制度明确，鼎的数量越多，能享用的肉食品越丰富。据《礼记》记载：天子用九鼎，第一鼎盛牛，以下为羊、豕、鱼、腊、肠胃、肤、鲜鱼、鲜腊；诸侯用七鼎，减少鲜鱼、鲜腊两味。卿大夫五鼎，士用三鼎，也有士用一鼎。做饭时，直接在鼎下面烧火即可。后来，厨具"鼎"身份不断提高，成为礼器的代表和王权的象征，形成了中华民族独居特色的鼎文化，处在黄河下游的山东地区也成了鼎文化起源地。

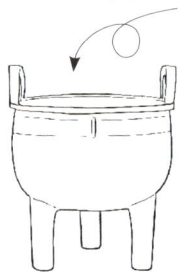

圆形三足鼎

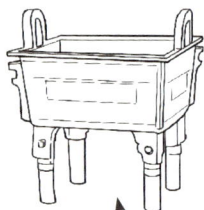

方形四足鼎

大河寻宝记

何为鬲？鬲也是古代炊具的一员，与鼎的功能不同，它是用来煮饭的。这种炊具为三足，侈（chǐ）口（口很大的意思），有的还带两个耳朵。从外形上看，其形状与鼎相似，但两者足部有很大区别。鼎的足部是实心的，鬲的足部是空心的，这样加大了倒入的汤水与火的接触面积，以便迅速升温。

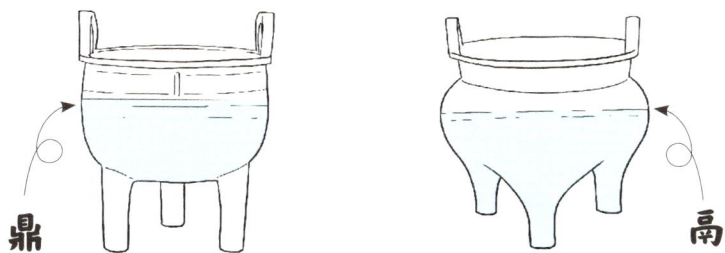

鼎

鬲

大河寻宝记

除了煮东西的鼎和鬲，还有一个神奇的器物叫陶甗（yǎn）。陶甗是 4000 多年前的"蒸"器。没有蒸器，哪有香喷喷的白米饭呢！陶甗的出现标志着祖先们已经熟练掌握蒸的烹饪技法。陶甗由上下两层构成，中间有许多透气的孔格，可以放在鬲上蒸煮，是现代蒸锅的鼻祖，广泛发现于黄河和长江流域。有了甗，蒸一"锅"饭就是分分钟的事情。一直到现在，东方的烹饪依然以蒸法见长，西方烹饪很少用到蒸。蒸真的称得上是中华饮食文化的独到技法。

国宝档案

名称：云雷纹彩陶釜

年代：新石器时代

出土地点：泰安市大汶口遗址

材质：陶

用途：炊煮器

国宝档案

名称：举方鼎

年代：商

出土地点：济南市长清小屯遗址

材质：青铜

用途：礼器

好的食材必须不远万里，
不辞辛劳。

水也得配得上食材啊……

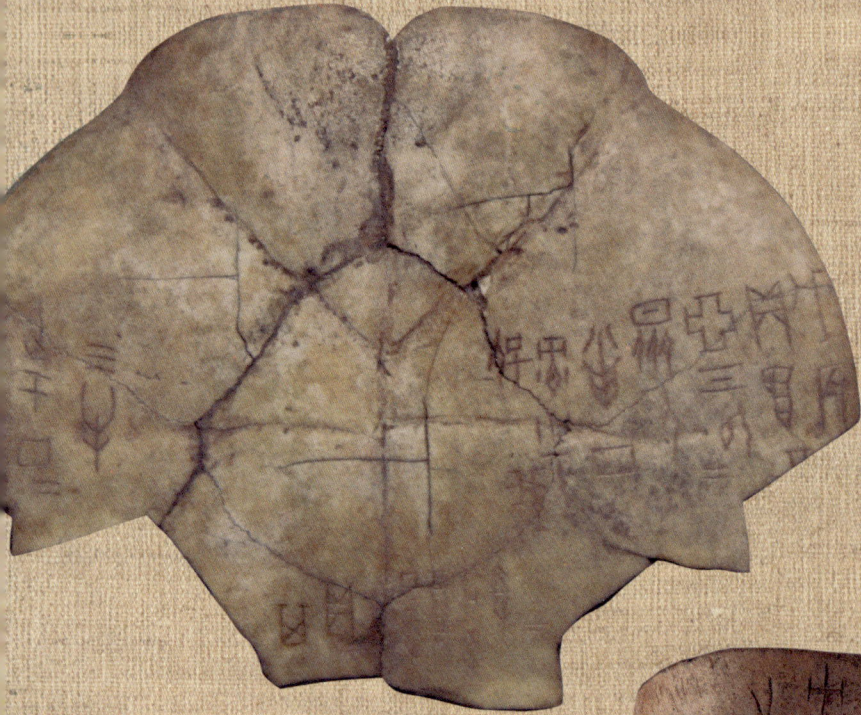

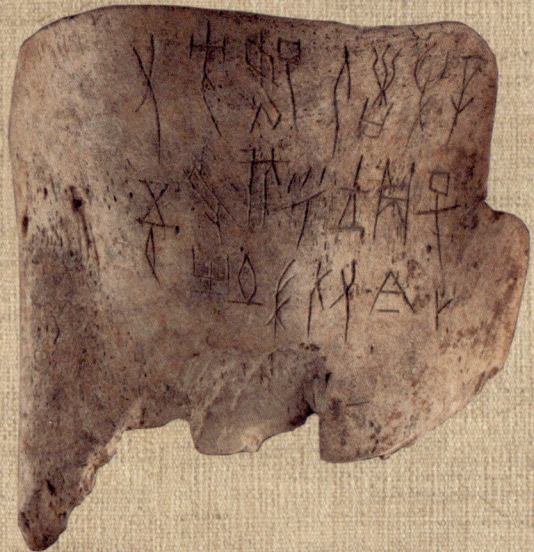

甲骨文

商代大百科全书

JIAGUWEN

至今还"活"着的文字

河流是人类文明的摇篮，孕育了多样文明。这可不是因为小河兽我生活在河里，自吹自擂，要知道四大文明古国——古中国、古埃及、古印度和古巴比伦，可都是依靠着河流。沿河而居的祖先们，在长期的生产、生活中不断地探索与创造，终于有一天，他们开始用一些具有特殊意义的符号记录事情。这些符号经过发展演变，成了大名鼎鼎的四大象形文字：楔（xiē）形文字、古埃及文字、玛雅文字以及我们中国的汉字。

中国的汉字是四大象形文字中唯一沿用至今的文字。好了，你可以骄傲了，你现在会写会说、用得超级专业的，是世界上"活"着的最古老的文字。

大河寻宝记

造字的人是谁

关于中国汉字的诞生，还有一个神话传说。在黄帝时期，有一个叫仓颉（jié）的人，他拥有四只眼睛，常爱细致地观察自然万物的形态。除了观察以外，仓颉还很爱思考，终于有一天，他创造出了文字！

《淮南子·木经训》中有对仓颉造字的记载，"昔者仓颉作书，而天雨粟，鬼夜哭"，意思是，当仓颉造字成功之时，天上竟然下起了金灿灿的小米雨，世间的鬼怪都在夜里哭泣。仓颉造字真可以说是"惊天地、泣鬼神"的壮举了。

不过神话往往寄托了人们对美好浪漫的向往。事实上，文字的形成可不单单靠一个人的灵光乍现，而是有着漫长复杂的进化史。考古证实，七八千年前，我们的祖先开始刻画符号或者图案来记录事情，但这些"符号"还不能称为"文字"。直到五千年前，才出现了中国文字的雏形——陶文。时光如梭，来到了四千年前的龙山文化时期，出现了可以断章成句的文字，如丁公陶文、寿光骨刻文。

大河寻宝记

文字为什么会跑到甲骨上？

甲骨文，是中国古代最早的成熟文字，起源于商代晚期。它的产生与商朝的祭祀活动密切相关。在祭祀活动中，巫师们会先将要发生的事和吉凶刻在龟甲或兽骨上，然后用火灼烧龟甲，通过龟甲灼烧开裂的纹路，来预测吉凶祸福。龟甲开裂的时候，会发出"bu"的一声，用火烤龟壳出现的裂纹来预测吉凶祸福被称为"占卜"。这些在龟甲或兽骨上的文字重见天日的时候，人们就自然地称它们为"甲骨文"了。

爱占卜的商王

商王是一个特别爱"问天"的人，无事不占卜，无日不占卜。今天祭祖合不合适？明天出兵会不会顺利？什么时候能下雨？

除了国家大事，连自己家的小事商王也要占卜。甲骨文中，有二十多条是商王请巫师占卜王后妇好怀孕的事。妇好的鼻子、牙齿、脚趾等部位不舒服，商王都会非常诚恳地祈求祖先保佑。

因为商王有凡事都要问一问的习惯，所以商代的甲骨文就像商王的日记，商代社会的方方面面几乎都刻在了甲骨上，甲骨文也被称作"商代社会大百科全书"。

商代社会
大百科
全书

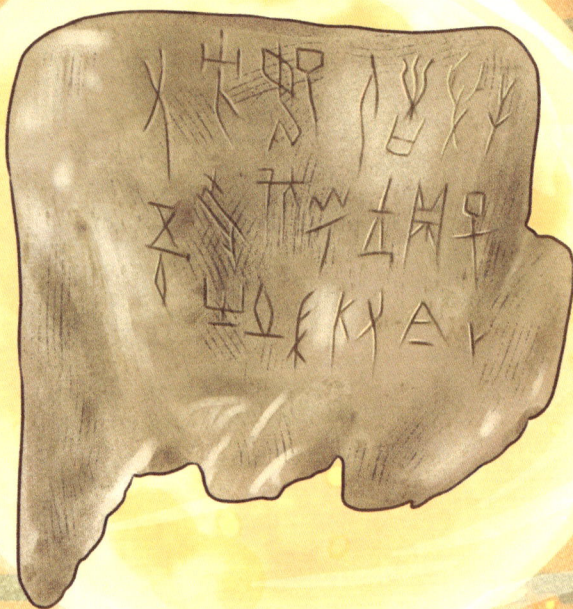

国宝档案

卜辞大意：
五月辛巳日，商王亲自征集兵员，命令妇好统帅征伐土方，能否得到神灵的保佑。

名称："妇好伐土方"卜骨
年代：商
出土地点：安阳市殷墟遗址
材质：牛肩胛骨
用途：占卜

大东小黑板

　　甲骨文与山东可谓渊源已久，第一个发现甲骨文的是福山（烟台）人王懿荣，第一个贩运甲骨的古董商是潍县人范春清，第一个使用"甲骨文"这一名称的是济南人陆懋德。济南大辛庄遗址，是迄今为止除安阳殷墟以外，唯一出土商代甲骨文的地方。

亚丑钺

威武的青铜器

YACHOU YUE

一点也不丑的亚丑钺

1965 年，在山东青州，人们从一个商代的大墓穴中挖出了一个大家伙——青铜器亚丑钺（yuè）。亚丑钺，这三个字凑一起完全看不懂什么意思，不过，我一说你就明白啦！"钺"其实是一类古代兵器的统称，指的就是用青铜或者铁制成的大板斧，可是很威武的武器呢！而叫它"亚丑钺"，则是因为在它嘴巴两侧，铸有铭文"亚醜（同'丑'）"这两个字。

可是"亚丑"这两个字到底是什么意思呢？从宋代开始，很多书上都记录了刻有"亚丑"铭文的青铜器，但因为这些青铜器散落多地，"亚丑家族"的居所一直是个谜。直到亚丑钺和其他多件刻有"亚丑"的青铜器在山东青州市苏埠屯遗址出土，"亚丑家族"的聚集地才得以确认。

看吧，这个亚丑钺跟丑可没有半点关系，甚至还因为表情可爱被大家熟知。不过它可不一定喜欢大家说它可爱，它对自己的定位是"威风凛凛"。

大河寻宝记

亚丑钺出土的故事

亚丑钺出土于青州市苏埠屯遗址，这个墓通长 30 多米，有东西南北四条墓道，墓内还有木板构筑的"亚"字形椁（guǒ）室。除了安阳的殷墟以外，这是已知规模最大的商代墓葬啦！

在 3000 多年前的商代，要铸造亚丑钺这样生动的表情，可不是一件容易的事，需要祖先们的智慧和鬼斧神工的制作技艺呀！

威武的"钺"家族

大者称钺，小者称斧。钺的外形与斧的相似度极高。虽然"钺"这个字现在不常见了，但在古代，"钺"可是一个庞大的家族，也有很多用处，现在的学术界就有兵器说、王权象征说、军事指挥权说、刑具说，等等。

像亚丑钺这样历经3000多年还没有伤痕累累，并且造型如此精致、体形又大的青铜钺，很有可能是一种仪仗礼器。两个眼睛大大圆圆的，那是怒目圆睁；开怀大笑的嘴巴里，有像城墙垛口的牙齿，那是在龇牙咧嘴地表现自己威武的样子。这在当时，可是能震慑周围部落的绝佳表情。

亚丑钺怎么能想到，自己有一天会被问为什么这么可爱？

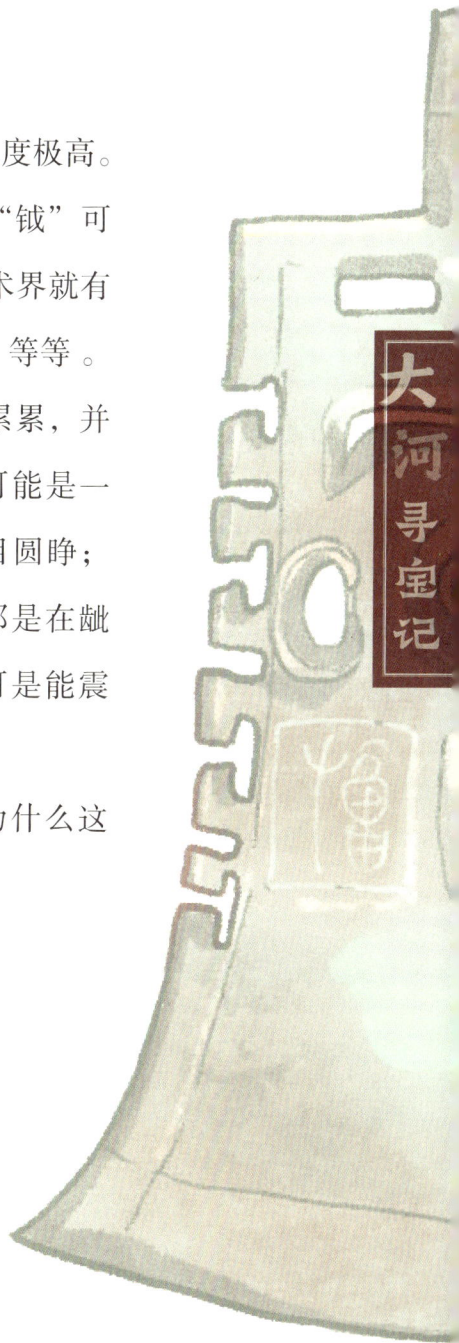

国宝档案

眼睛怒目
圆睁,给人
威慑力

牛鼻子和
圆兽耳,展
现狞厉威
猛的气势

城墙垛口似的
牙齿,表现龇
牙咧嘴的凶狠

名称：亚丑钺

年代：商

出土地点：青州市苏埠屯遗址

材质：青铜

用途：礼器

大东小黑板

　　这件亚丑钺的纹理、脉络、图案，与同时期黄河流域出土的殷商青铜器有很多相近的地方，生动体现了殷商时代黄河流域的炎黄文明与山东本土的东夷文明走向合流，相互交汇，最终融为一体。

陶器上的
纹样
之美

WENYANG

陶器上的美术创作

7000 年到 5000 年前，祖先们发现了泥巴可以捏出各种形状之后，又试着把能找到的矿物质原料研磨碾碎，涂描在陶器胚胎上，没想到装扮后的效果意外地好。原来没有形状、颜色单一的泥巴，除了能被捏成不同的形状和有不同的用途以外，还拥有了多样的颜色。不起眼的泥巴罐罐变成了带有美丽图案的器物，我们现在称之为"彩陶"。

彩陶可以说是新石器时代最重要的艺术品。制作彩陶，首先要把橙红色陶胚打磨光滑，然后在上面用天然的矿物质颜料描描画画，画好之后放进窑里面烧制，这就大功告成啦。烧好之后的器物，橙红色的胎底上就会出现类似赭（zhě）红、黑、白等颜色的美丽图案。最早的彩陶在河南渑（miǎn）池县仰韶村发现，所以这个时期的文化也称"仰韶文化"。

大河寻宝记

甘青地区马家窑文化

黄河流域的彩陶文化

　　哼哼，说起祖先们的艺术成就，怎么能离得开我源远流长、气势如虹的家乡黄河呢！我们甚至可以顺着黄河绘制一幅"艺术潮流"图：黄河上游甘青地区有马家窑文化彩陶，黄河中游中原地区有仰韶文化彩陶，黄河下游的海岱地区有大汶口文化彩陶。"三区"鼎立，祖先们在艺术领域可真展现了百花齐放的艺术天赋，共同创造了史前彩陶艺术的辉煌！

中原地区仰韶文化

海岱地区大汶口文化

祖先们都画了什么

海岱地区的彩陶最早见于北辛文化（约公元前 5400 年—前 4400 年）。那时的祖先画的东西都比较简单。可是就这样随便地涂涂画画，如今看来也别有一番风味。

后来北辛文化发展为大汶口文化，这个时期的祖先仿佛突然开了窍，彩陶上的纹样题材越来越多样了。像身边看得到的花鸟虫鱼啊，一些简单的几何图案啊，都被描绘在陶器上。当时的艺术形式并不多，祖先们空有一腔追求美的热情，却并没有太多地方可以施展，所以陶器成了他们发挥艺术才华的重要载体。

陶器上的纹样虽然质朴简单，但也讲究构图对称、色彩对比和层次效果，这可都是现代纷繁复杂的艺术形式的基础。

纹样也随着时间的推移越来越丰富。原始时期是以抽象的几何纹饰为主；到了商代，饕餮纹、夔（kuí）纹以及回纹开始流行；汉代是瓦当工艺发展的鼎盛时期，多了许多动物形象；唐宋时期，古人开始追求纹样的诗情画意了；元明清时期的人们要求纹样具有吉祥的寓意，甚至还会借助谐音来表达美好的祝愿，比如"石榴"寓意"多子"，"蝙蝠"寓意"福"气满满，等等。

国宝档案

彩陶豆的口沿为白底红彩

器身红底白彩

八角星纹用黑彩勾边，展现了八角星纹和旁边白色竖线的主次关系

名称：八角星纹彩陶豆
年代：大汶口文化时期
出土地点：泰安市大汶口遗址
材质：陶
用途：礼器

大东小黑板

作为大汶口彩陶中不可多得的珍品，八角星纹彩陶豆有着特殊的地位。"豆"是一种器型，原本只是一种盛食器。让它脱离生活的烟火气上升到艺术层面的，正是它身上的纹样。在5000年前物质生活极不发达的原始社会，八角星纹彩陶豆这样精美的器物不太可能是人们日常生活中的普通用具，应该是祖先们最重视的祭祀活动中的礼仪用品。关于八角星纹的含义也有很多推测：有学者认为八角星纹代表光芒四射的太阳；也有学者认为八角代表天空，中间的方形象征大地，即天圆地方之意。

杂技俑的"天花板"

ZAJI YONG

"天花板"

从部落"联欢会"中走出的杂技

你看过杂技吗？走高空绳索，在空中上下翻飞，常常让人看得直冒汗，一口气还没喘匀，接着又止不住地喝彩！杂技是个技术活，没有真本事吃不了这碗饭。但是你知道吗，其实杂技在新石器时代就有了萌芽，是古代娱乐形式之一，是历史悠久的项目！

新石器时代，人们在日常生活的劳动和自卫攻防中，其武技和体能越来越好。有一天他们休息时发现，在表现猎获和胜利的喜悦时，这些技能也可以成为一个"节目"。于是在部落"联欢会"上，他们就互相表演炫耀起来。这便成了后来的"百戏"，也就是咱们今天说的杂技。

大河寻宝记

杂技 "成长记"

杂技在很多文献中都有记载，我都没有这么详细完整的"成长记"，真是让人羡慕。

比如《史记·李斯列传》中就记载了秦代大名鼎鼎的秦二世在甘泉宫看角抵戏。什么是角抵戏？"角抵"就像今天说的摔跤表演，受牛羊以角相抵的形象启发。

《列子·说符》中也说，那时候民间就已经流行起空中掷投五剑、七剑的表演了。

汉代的张衡在《西京赋》就写得比较具体生动了，里面描述了跳丸剑、走绳索、爬高竿的热闹场景。

唐代诗人白居易的新乐府篇目《立部伎》也写过"舞双剑，跳七丸。袅巨索，掉长竿"的诗句。

陶俑救了多少人

因为对世界认识的局限性，我们的祖先在很长一段时间里相信死亡不是终点，而是在另一个世界生活的开始，把"这辈子""下辈子"挂在嘴边。这辈子得到的下辈子还想要，这辈子没得到的就要带进墓葬中。一些残酷的陋习也随之产生了。除了金银细软、良田豪宅，王侯贵族还要殉葬动物，甚至活人，其思想根源于"事死如事生"、国君的陵园"若都邑"、皇权至上的理念。

但是，俑的出现，极大地扭转了这种陋习！春秋战国时期，木俑、陶俑等代替人殉，这是丧葬礼仪的一大进步。而与木俑相比，陶俑不仅防火，还能防蛀，成为丧葬礼仪的"宠儿"。一直到晚清时期，人们才开始用布匹、纸张取代陶俑。

陶俑大观园

陶俑的样子千姿百态，就像一幅历史人物长卷，它们穿着不同的衣服，有不同的性格，摆出不同的动作，讲着不同的故事。下面一起让我们看看各种各样的陶俑吧！

大名鼎鼎的兵马俑，相信很多人都了解。秦始皇嬴政生前酷爱征伐，秦始皇陵中有约 8000 个兵马俑！这在 2000 多年前的秦朝是不可想象的，也是震惊世界的奇观。

这两个"天赋异禀"的陶鸟是济南出土的西汉彩绘载壶陶鸟和西汉彩绘载人鼎陶鸟，现在它们是国宝级文物了。陶鸟驮了那么多东西的夸张样子，有一种既凶猛端庄又可爱有趣的感觉。鸟翅膀上的鼎，是给老人盛粥的容器，所以，这两个文物可是正儿八经的"敬老"器物。

右边这个像我一样可爱快乐的，是四川省成都市天回山东汉崖墓出土的击鼓说唱陶俑，被喻为"汉代第一俑"。跟它一起出土的还有男女舞俑、抚琴俑、听琴俑、厨丁俑、持瓶女俑、持镜女俑、女坐俑、击鼓俑，简直是职业大观啊！可见墓主生前是一个十分富裕，并且追求精致生活的人。

国宝档案

这个陶盘就像一张照片，记录下宾主尽欢的盛宴

表现了倒挈（qiè）、面戏、拿大顶、翻跟头、舞蹈等形式，还有一个七人乐队，三位主家头戴冠冕，四位宾客风度翩翩

名称：西汉彩绘乐舞杂技陶俑

年代：西汉

出土地点：济南市无影山西汉墓

材质：彩陶

特点：全国仅此一件的成组杂技陶俑

大东小黑板

　　这组西汉彩绘乐舞杂技陶俑距今已有2000多年的历史。这组陶俑生动再现了当时流行于市井的"百戏"表演形式和精彩场面，是研究汉代社会生活的珍贵材料，也提供了研究汉代音乐、舞蹈、杂技等艺术形式的重要实物资料，对于了解这些艺术形式的发展历程、特点等具有重要意义。

当 卢

DANGLU

独"当"一面

独"当"一面的当卢

1999 年 6 月，济南市章丘区洛庄汉墓开启了挖掘工作，共出土各类珍贵文物 3000 多件。其中有一样东西特别有趣，名字叫"西汉鎏（liú）金铜当卢"。哎呀呀，这个名字念得舌头都要打结了！"西汉"是朝代，"鎏金"是工艺，"铜"是材质，这些都好理解，可是这个"当卢"是什么意思？

当卢，换两个字就能看懂啦："挡颅"。直白一点，其实就是系于马头颅上，用来挡住额头的装饰。从商代开始，人们就喜欢给马戴上质地坚硬、形状各异的当卢，系在马匹额头中央偏上的位置。这样既能保护心爱的战马不在战斗中受伤，又能彰显马主人崇高的身份和地位。

当卢在西汉时期最为盛行。汉代以后，人们开始受佛、道两教的影响，带有浓厚巫术气息的当卢渐渐"失宠"了。西安博物院有一个镇院之宝，叫唐三彩腾空马，这匹马的额头处就已经没有当卢了，可见当卢已经正式退出历史舞台。但是这并不影响它成为历史上精美饰物的杰出代表。

大河寻宝记

为什么只有马有头饰

马有当卢，那牛和羊有没有呢？没有！当卢是马的专属头饰。那时候人们对马的喜爱，可是深沉似海、波涛汹涌。马到底有什么特别的气质这么招人喜欢？

人们与马的渊源可以追溯到新石器时代，那时已经开始驯化、饲养马匹。商代甲骨文中的"马"字，是这样写的：

看这个字的最上面，有一个表示太阳的符号。商代的人很崇拜太阳，说明马这种动物在他们的心中是具有神性的。从战国到秦汉，人们越来越相信羽化成仙这件事情。成为神仙，那必须得飞升到天上。于是人们把传说中有奇异力量的动物想象成飞升成仙的坐骑。马就是其中一种。

还有很多人认为，在汉代，追求长生与升仙是一种潮流。王侯贵族都很重视马，认为马是沟通天地的媒介。作为马最重要的装饰，当卢的图案自然也得充分考虑"升仙"的要素，增强马的"神性"，使马尽量向龙靠拢。

当然啦，除了这些古人赋予马的神性元素，马自身也有许多招人喜欢的特质！比如奔跑起来英姿飒爽，这完全契合了人类对速度和力量的原始追求。而且它们太忠诚温顺了，历史上良驹与英雄惺惺相惜的故事也是屡见不鲜。连人们常用的成语都饱含对马的宠爱，像龙马精神、马到成功、万马奔腾，等等。

哎呀，不说了！我要吃醋了！

当卢的各种模样

商代的当卢多是简单的圆形凸起，形状比较简洁。但这个圆形凸起可不是棒棒糖，它代表了商民对太阳的崇拜。

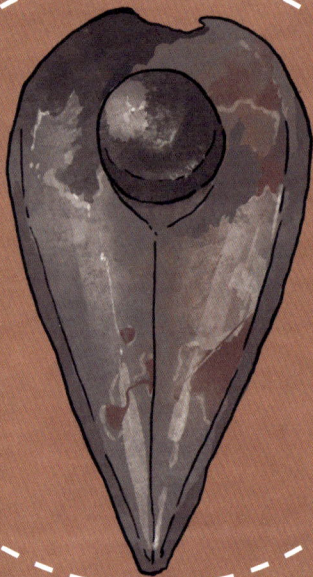

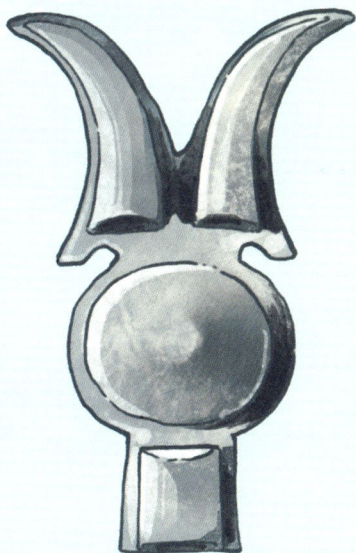

周代的当卢主要分为犄角形和长条形两种。在当时，兽类的角和禽类的羽冠意味着神性。

西汉海昏侯墓出土了八十多件当卢，它们做工华丽，龙、凤、虎、雀等瑞兽纹饰一应俱全，说明到了汉代已经形成了成熟的青龙、白虎、朱雀、玄武四神思想。

国宝档案

马目圆凸

四蹄腾空

柔韧的身躯
呈反 "S" 形

飞鸟和流云
萦绕身侧

名称：西汉鎏金铜当卢

年代：西汉

出土地点：济南市章丘洛庄汉墓

材质：青铜

用途：马饰品

大东小黑板

　　出土于济南的这件西汉鎏金铜当卢，其形如叶、镂空透雕，带有明显的北方草原青铜器特征，又具有中原本土的纹饰特色。在它身上，我们可以看到北方文明和中原文明的完美交融，是不可多得的西汉王朝与周边文化交流的佐证。

明代漕船

MING DAI CAOCHUAN

六百年前的"顺河快递"

消失的"快递"船

你们有过快递在来的路上突然消失的惨痛经历吗？600 多年前就有人体会过了！在山东济宁梁山县宋金河林姊河的淤泥中，沉睡着一艘明代漕船，这就是一艘明朝洪武年间消失的"快递"船啊！

哎呀，说来话长，从历史资料的蛛丝马迹中，大概可以还原这艘漕船的失踪原因。洪武年间黄河决口，宋金河意外地在济宁梁山县形成了林姊河，河床淤泥堆积。这艘漕船误入这个地方，从此搁浅。这船一搁浅就是 600 多年啊，而且还被淤泥完全覆盖。不过也多亏了这淤泥全方位保护，这艘船才可以保存得如此完整。明代漕船是我国古船中保存最完整的一例。

四通八达的漕运

在中国古代相当长一段时间里，政治、经济中心一直在黄河流域，比如长安、洛阳和开封，但粮食产量远远不能满足都城这么多人的需求。打通河道，完善漕运，成了一件迫在眉睫的事情。等等，什么是漕运呢？漕运是中国历史上一项重要的经济措施，指国家从水道运输物资，方式有三种：河运、水陆递运和海运。

早在春秋时期，君王们就热衷于开凿运河。就这样一路"哐哐哐"开凿下去，中国的海河、黄河、淮河、长江、钱塘江五大水系贯通在一起，粮食等很多其他稀缺的东西被源源不断地输送到都城附近。造船业也在明朝迎来新的高峰，明初粮船最多时达到 10855 艘，其中遮洋船 346 艘、浅船 10509 艘。在宋金河道出土的这艘古船，正是一艘运粮的浅船。

从此，漕运一发不可收拾。运河沿岸的城市也开始高速发展，大运河成了人工雕琢的"国家命脉"。

大河寻宝记

国宝档案

厚重南松木打造，低调柳叶形线条

船锚限量标号"甲字五百六十号"彰显尊贵身份

全长约 21 米，排水量 32 吨，整船保养"无磕碰"

我国古船中保存最完整的一例

名称：明代漕船

年代：明

出土地点：济宁市梁山宋金河道

材质：木

用途：漕运工具

大东小黑板

　　古人挖掘运河，最初或是为了政治，或是为了军事，连他们自己也没想到，一段一段的运河被后人串联成一条"黄金水道"，不但在数千年来南北经济活动、文化活动和生活中发挥了巨大的作用，还一举成为与长城齐名的"中国古代伟大工程"。有了运河，有了漕运，天子们终于可以过上"手里有粮，心里不慌"的安生日子了。

颂簋

SONGGUI

记录 2800 年前的
"人事任命"

关于周朝的那场"人事任命"

嘘，跟随历史的漩涡，让时间回到 2800 年前……

周宣王三年（公元前 825 年），五月下旬的甲戌日，周王来到宫内就座。宰引带领一个名叫颂的人进入大门，颂站在庭院中等待觐见天子。尹氏把对颂的任命书交给了周王，周王叫史官虢（guó）生宣读任命书。周王的任命书中说："颂，命令你管理成周仓库，监督管理新建的宫内用品仓库，并赏赐你黑色官衣，绣有镶红、朱黄饰边的佩带，挂马车上的銮（luán）铃、旗帜，以及其他车马用具等。"

颂听到任命后，马上向天子行跪拜大礼，接受任命书。他出宫后不久又返回宫中，向天子献上玉璋（zhāng）表示感谢。颂为了宣扬天子的美德，祭奠自己死去的父亲龚叔和母亲龚姒（sì），铸造了一顶簋（guǐ），并把自己被任命的过程和任命书刻在了簋上。

因为簋的主人名叫颂，这个簋也被叫作"颂簋"啦！

大河寻宝记

簋，是什么

等等，簋……是什么？

这个看起来十分陌生的字念 guǐ。簋和鼎一样，都是盛放煮熟饭食的器皿，同时也是重大仪式上用的礼器。当时的古人讲究，让每一种容器都拥有自己的名字，可以说完全不偏心。所以仅仅是装食物的容器，就够我们认识一段时间的了。

这种簋呢，一般是和鼎配合使用的，鼎用单数，簋则用双数。比如史书中记载：天子用九鼎八簋，诸侯用七鼎六簋，卿大夫用五鼎四簋，士用三鼎二簋。不同的数量彰显着主人不同的身份。

大河寻宝记

颂簋的颠沛流离

清代的时候，有人将颂簋从地下挖了出来。清代嘉庆年间，著名的金石学家刘喜海慧眼识珠，一下就从一家古董店发现了闪耀着历史光辉的来自周朝的颂簋。

这位刘喜海出生于官宦之家，是清朝重臣刘墉的侄孙。他发现颂簋后，就把它带回山东老家珍藏。后来颂簋流转到山东布政使李山农的手里。布政使是官职名，主要掌管这个省份的政令和财赋。最后，颂簋又被山东首富丁树桢收藏。

但是丁氏家道中落，丁氏兄弟分家的时候，谁都不愿舍弃珍贵的颂簋，于是器身和器盖分别被兄弟俩收藏。时间来到了抗战时期，器身被山东胶东古物委员会收藏，后转入山东博物馆。

命运的齿轮就这样转动了。1959 年，家住青岛的张秀琳女士到山东博物馆参观，在展柜中看到颂簋的器身，忍不住犯嘀咕："这东西好像和我家盛米的碗是一体的，连花纹都几乎一样。"询问后才得知自己丈夫就是丁氏后人，后来张秀琳一家把颂簋的器盖捐献给山东博物馆。

这件记载着 2800 年前"人事任命"的青铜器，终于合二为一。

国宝档案

造型敦厚圆腹圈足

器盖的顶部有圈形把手

器身腹部两侧有一对兽形耳，底部附有三只兽形足

名称：颂簋
年代：西周
出土地点：陕西地区
材质：青铜
用途：礼器

大东小黑板

颂簋全身布满纹饰，口沿上下各装饰一圈鸟纹、龙纹衍化而来的窃曲纹；器盖与器腹装饰有平行的横条脊纹，也称瓦纹；圈足处则铸有垂鳞纹。这些纹饰是西周青铜器上的典型纹饰。在颂簋腹底部和器盖内都铸有 15 行 152 字的铭文，器盖对铭，书体严谨，揭示了它的非同寻常之处，也是它最珍贵的地方。

而止年敦疑年王曰人敦十商須牛所子曰高

北野矢宁王曰敦觀歲多㣊多曰營而

兵法竹简

BINGFA ZHUJIAN

畅销两千年的军事著作

千古神书诞生记

在我们中国，有一本千古神书，为什么说它是神书呢，因为它到现在，依然被人们津津乐道，里面的道理甚至能适用各行各业，连外国人都乐此不疲地研究它。这就不得不从它的诞生开始说起……

滔滔黄河，是中华文明的发源地，沿河重镇也自古是兵家必争之地。为了土地、山脉、河流、财富，甚至人口，人们一言不合都可以打起来。一开始人们还是"以石为兵"，后来就"锻铁成兵"，作战工具那是飞速发展。配合着武器的日益精进，作战经验和理论也得跟上啊！这时候有一个叫孙武的人，就应运而生啦。他出生于军事世家，齐国田氏后裔，他的祖父立下战功，被齐景公赐姓孙氏，子孙因此都姓孙啦。孙武从小就受家庭环境的熏陶，熟读各类兵法典籍，小小少年心中早有百万雄师。后来齐国内乱，孙家家道中落，孙武不得不远走吴国，在山林隐居。正是这段远离纷争的生活，让他能够将所读所想成体系地进行整理，终于写成了这本千古神书——《孙子兵法》。

后来，孙武拿着这"兵法十三篇"求见了吴王阖闾。吴王阖闾果然是个识得千里马的伯乐，迅速就看出了这"兵法十三篇"的巨大潜能，十分赏识并重用孙武。孙武也没有辜负吴王阖闾，帮助阖闾以三万之师大破楚国，创造了中国军事史上以少胜多的奇迹！

可见，这"兵法十三篇"并不是纸上谈兵。经过实践验证后，孙武和《孙子兵法》就开启了征服众人、收揽粉丝2000多年的神奇之旅。

大河寻宝记

黄

河

人人都爱《孙子兵法》

你能想象吗？这部神书连一万字都没有，但自它诞生之后，历史上的著名战役几乎都能看到它的影子。比如，曹刿（guì）就按照"后发制人""彼竭我盈"的防御原则，打赢了长勺之战；秦国巧用"离间计"，离间了赵王和名将廉颇，取得了长平之战的胜利，加快了统一六国的进程；诸葛亮的"空城计"就更经典了，把"知彼知己，百战不殆"发挥到了极致……

除了在实战中屡试不爽，很多历史上赫赫有名的人都表达了对《孙子兵法》的喜爱。比如曹操，"吾观兵书战策多矣，孙武所著深矣"；唐太宗李世民，"朕观诸兵书，无出孙武"；诸葛亮，"孙武所以能制胜于天下者，用法明也"；苏轼，"古之言兵者，无出于孙子矣"……这人气，简直太让人羡慕了！

孙武，还是孙膑？

孙武之后的 100 多年，他的后代中又出了一位军事家，名为孙膑。他继承了孙武的军事天赋，也留下了围魏救赵、智擒庞涓这样传奇一般的事迹，奠定了齐国的霸业，并写了自己的兵书《孙膑兵法》。

但是秦汉大一统后，人们不那么频繁打仗了，刀枪入库，统治阶层也更加注重道德教化，知道各种兵法的人越来越少。慢慢地，《孙膑兵法》就失传了，甚至到了宋代，人们有点分不清孙武与孙膑了，还有人说根本就没有孙武这个人，兵法都是孙膑写的。

幸好在 1972 年 4 月，山东临沂银雀山出土了这些兵书竹简。生在西汉的墓主当年费心费力收集到《孙子兵法》等兵书，认认真真手抄下来，珍之重之地放于墓穴之中，才让现在的人们得以确认孙武和孙膑不是一个人，而且各有兵书传世。

国宝档案

名称：银雀山汉墓竹简
年代：西汉
出土地点：临沂市银雀山汉墓
材质：竹片
用途：兵书

大东小黑板

　　《孙子兵法》如今被翻译成 30 多种文字，名扬世界。如同孙武的名字一样，止戈为武。战争最好的结果是不战而屈人之兵，是和平。现在这部名著已经不是简单意义上的军事著作，它蕴含着深邃的哲学思想，各个领域都能看到它的影子，同时又不断为它注入新时代的活力。

名称： 橙黄陶长流鬶（新石器时代·龙山文化）
尺寸： 高 44 厘米
材质： 陶

名称： 蛋壳黑陶杯（新石器时代·龙山文化）
尺寸： 杯身最薄处不足 0.5 毫米，高 22 厘米，口径 8.8 厘米
材质： 黑陶

名称： 蛋壳黑陶高柄杯（新石器时代·龙山文化）
尺寸： 高 26.5 厘米，口径 9.4 厘米
材质： 黑陶

名称： 黑陶鸟喙足鼎（新石器时代·龙山文化）
尺寸： 高 18.5 厘米，口径 26 厘米
材质： 黑陶

名称： 大黑陶瓿（新石器时代·龙山文化）
尺寸： 口径 45.5 厘米，高 116 厘米
材质： 黑陶

名称： 西汉鎏金铜当卢（西汉）
尺寸： 高 16.5 厘米，宽 8 厘米
材质： 青铜

名称： 红陶兽形壶（新石器时代·大汶口文化）
尺寸： 高 21.6 厘米
材质： 陶

名称： 八角星纹彩陶盆（新石器时代·大汶口文化）
尺寸： 口径 44.6 厘米，高 24.8 厘米
材质： 陶

名称： 举方鼎（商）
尺寸： 高 23 厘米，长 16 厘米，宽 14.2 厘米
材质： 青铜

名称： "妇好伐土方"卜骨（商）
尺寸： 纵 7.4 厘米，横 7.4 厘米
材质： 牛肩胛骨

名称：**亚丑钺（商）**
尺寸：通长 32.5 厘米，宽 34.5 厘米
材质：青铜

名称：**八角星纹彩陶豆（新石器时代 · 大汶口文化）**
尺寸：口径 26 厘米，高 29 厘米
材质：泥质红陶

名称：**回纹彩陶豆（新石器时代 · 大汶口文化）**
尺寸：口径 19.2 厘米，高 21.1 厘米
材质：泥质红陶

名称：**明代漕船（明）**
尺寸：全长约 21 米，中部宽 3.44 米，头部宽 1.9 米，尾部宽 1.56 米
材质：木

名称：**颂簋（西周）**
尺寸：高 30.1 厘米，口径 24.2 厘米
材质：青铜

名称：**银雀山汉墓竹简（西汉）**
尺寸：长 27 厘米，宽 0.9 厘米
材质：竹片